Zwerg-kaninchen

Verhalten · Ernährung · Pflege

Von Dietrich Altmann
mit 41 Farbfotos von Regina Kuhn
und 27 Zeichnungen von
Siegfried Lokau

3. Auflage

Inhalt

Was zunächst zu bedenken ist 4
   Kaninchen in der Wohnung oder im Garten? 4
   Ein oder mehrere Kaninchen? 6
   Die richtige Auswahl 6
Ist das Kaninchen gesund? 8
Die Zeit der Eingewöhnung 10
Käfige und Ställe 10
Freilauf in der Wohnung 12
Wie unser Kaninchen »stubenrein« wird 16
Haltung 17
Die richtige Pflege 19
Das geeignete Futter 20
   Grünfutter 21
   Kraut und Rüben 21
   Obst, Kartoffeln, Mais 21
   Zweige und Blattwerk 23
   Kraftfutter und Fertigfutter 23
   Wie die Verdauung funktioniert 24
Kaninchenrassen: Vielfalt der Farben und der Behaarung 26
   Langhaarkaninchen 29
   Kurzhaar- oder Rexkaninchen 30
   Satinkaninchen 30
Fangen, Tragen und Transport 31
Fortpflanzung – Zucht und Aufzucht 33
   Künstliche Ernährung 34
   Entwicklung der Jungtiere 36
Sinnesorgane und Lernfähigkeit des Kaninchens 38
Kaninchen und ihr Verhältnis zu anderen Tieren 41
Das kranke Kaninchen 42
Kaninchen oder Hase – eine kleine Zoologie 44
Bücher und Zeitschriften 46
Register und Bildquellen 48

Lieber Tierfreund

Warum gerade ein Zwergkaninchen?

Hunde müssen regelmäßig spazieren geführt werden, Katzen benötigen zwar keinen Auslauf, können aber ihre Krallen auch an Polstermöbeln schärfen, Wellensittiche und Kanarienvögel lassen sich kaum streicheln und sind erst recht keine Kuscheltiere. Gleiches gilt für Schildkröten und natürlich ebenso für Fische. Gold- und Zwerghamster sind dämmerungs- bzw. nachtaktiv und schon deshalb für Kinder ungeeignet. Dazu können sie, besonders wenn man sie einmal etwas unsanft anfaßt, energisch zubeißen. Und schließlich erreichen sie meist nur ein Alter von zwei, allenfalls drei Jahren.

So bleiben uns unter den Heimtieren noch das Meerschweinchen und das Kaninchen. Kaninchen kratzen zwar eher als Meerschweinchen, sind aber diesen gegenüber intelligenter und damit auch wesentlich lernfähiger und kontaktfreudiger. Sie sind sogar stubenrein zu bekommen und lernen meist, ein Katzenklo zu benutzen.

Da sich Kaninchen, besonders wenn sie noch nicht richtig an ihre zukünftigen Menschen-Freunde gewöhnt sind, unsachgemäßes Anfassen nicht gerne gefallen lassen, sollte man sie Kindern erst ab ungefähr acht Jahren zur selbstständigen Betreuung anvertrauen. Dies gilt aber auch für mit Tieren unerfahrene Erwachsene, die bei der Wahl eines Heimtieres daran denken sollten. Es ist zwar nicht die Regel, aber es gibt auch immer wieder einmal Kaninchen, die beißen.

Sind sie ausreichend mit Futter und Trinkwasser versorgt, kann man Kaninchen durchaus einmal für einen oder zwei Tage

Ein Havanna-Farbenzwerg-Kaninchen mit glänzend dunkelbraunem Fell und dunkelbraunen Augen.

allein lassen. Natürlich darf das nie zur Regel werden. Kaninchen, für die Wohnung eher Zwergkaninchen, sind auch für Erwachsene sehr geeignet, die sich aus irgendeinem Grund keinen Hund und keine Katze halten können, aber ein wuschelweiches Lebewesen um sich haben möchten, das sich streicheln und liebhaben läßt. Zwergkaninchen werden 8–12 Jahre alt.

Wer einmal ein Kaninchen hatte, wird wohl nie wieder davon loskommen. Ich kenne viele Leute, die neben Hund, Katze, Meerschweinchen, Hamster oder Vogel auch immer wieder ein Kaninchen zu ihren Heim- und Hausgenossen zählen wollen.

Was zunächst zu bedenken ist

Fragen, die sich einem Tierfreund stellen – Fragen, die gut überdacht und sorgsam beantwortet werden wollen.

Mit dem Erwerb und der anschließenden Haltung eines jeden Tieres und damit auch eines Kaninchens übernimmt man eine große Verantwortung. Man muß täglich für es sorgen, es regelmäßig füttern, tränken, sauber machen. Darüber hinaus benötigt ein einzeln gehaltenes Tier auch ausreichend Kontakt mit seinem Pfleger. Erwirbt man ein junges Kaninchen, hat man es über viele Jahre ständig zu betreuen. Doch können Kaninchen beispielsweise während einer Reise oder eines Krankenhausaufenthalts problemlos von Verwandten, Bekannten oder Nachbarn versorgt werden oder solche Zeiten auch gut in einem Tierheim oder einer Zoohandlung, die Pensionsgäste aufnimmt, verbringen.

Kaninchen in der Wohnung oder im Garten?
Ein Zwergkaninchen oder Kaninchen einer kleinen Rasse benötigt einen Käfig mit einer Grundfläche von ca. 80 × 70 bis 80 cm. Die Höhe sollte unbedingt mindestens 50 cm betragen, damit das Tier nicht nur ausreichend Bewegung hat, sondern auch Männchen machen kann. Verwendet man ein Schlafhäuschen (ca. 35 × 35 cm Grundfläche, ca. 30 cm Höhe und ca. 15 cm Durchmesser des Schlupflochs), dann sitzt das sehr orientierungsfreudige Kaninchen sehr gern auf dem Dach. Noch schöner ist es für das Tier, wenn es sich dort sogar aufrichten kann.

Für die Wohnung wird man meist einen Käfig im Zoohandel erwerben, der aus einer stabilen Kunststoffwanne und einem abnehmbaren Oberteil aus Gitterstäben besteht. Da Kaninchen sehr gerne scharren, sollte die Wanne wenigstens ca. 15 cm hoch sein.

Kaninchen hoppeln gern in der Wohnung frei umher, aber Vorsicht: Sehr schnell sind Möbelstücke angenagt, Tapeten angefressen, und sogar elektrische Kabel!

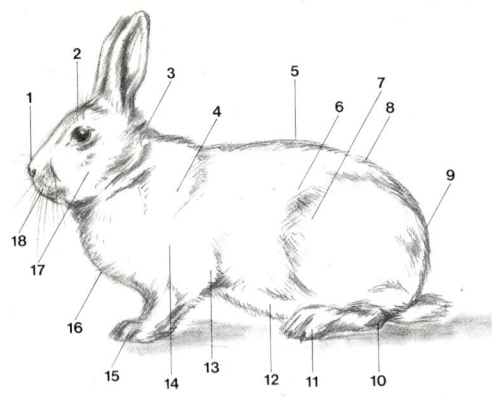

1 Nasenrücken,
2 Stirn,
3 Nacken,
4 Schulterblatt,
5 Rücken,
6 Flanke,
7 Knie,
8 Lende,
9 Kreuz,
10 Ferse,
11 Hinterzehen,
12 Bauch,
13 Ellenbogen,
14 Oberarm,
15 Vorderzehen,
16 Vorderbrust,
17 Backe,
18 Oberlippe.

Reinrassiges Zwergkaninchen (oben) und Riesenkaninchen.

Nie sollte man Kaninchen im Garten frei laufen lassen. Hier ist ein möglichst versetzbarer Auslauf mit schattenspendendem Schutzhäuschen im Sommer ideal. Dabei muß der Boden des Auslaufs aus weitmaschigem Drahtgeflecht bestehen, durch das das »abzuweidende« Gras hindurchragt. Ohne einen solchen Boden kann sich das Kaninchen, schneller als man denkt, herausgraben. Diese Haltungsform ist für Kaninchen ideal, aber auch eine reine Wohnungshaltung ist ohne weiteres möglich.

Kaninchen sind Pflanzenfresser und mit Heu, Grünfutter, Gemüse, Obst, Hafer und den im Handel angebotenen Fertigfuttermitteln durchaus zufrieden. Dabei sollte aber auch immer ausreichend frisches Trinkwasser angeboten werden.

Heu und Stroh, nicht nur als Futter, sondern auch als weiche Einstreu, sind im Zoohandel und in Supermärkten erhältlich. Ebenso lassen sich aber auch Säge- und Hobelspäne als saugfähige Unterlage verwenden.

Ein oder mehrere Kaninchen?

Die wilde Stammform aller unserer in großer Rassenvielfalt gezüchteten Hauskaninchen ist das Europäische Wildkaninchen (Oryctolagus cuniculus). Unter günstigen Umweltbedingungen, das heißt auf trockenen, möglichst sandigen Böden lebt es in Kolonien. Dabei hat jedes einzelne Wildkaninchen seine eigene Wohnhöhle (Kessel), zu der ein Röhrensystem führt. Erwachsene Kaninchen, oft auch schon heranwachsende Tiere, sind meist unverträglich, können also nicht gemeinsam in einem Käfig gehalten werden. Männliche Kaninchen, in der Fachsprache Rammler, beißen sich oft fürchterlich. Weibliche Kaninchen, in der Fachsprache Häsinnen, sind allenfalls auf Dauer oder zumindest längere Zeit gemeinsam haltbar, wenn es sich um Wurfgeschwister oder Mutter und Töchter eines Wurfes handelt und sie von Geburt an ununterbrochen zusammen sind.

Auch die Haltung eines Pärchens funktioniert nicht immer, da sich der Vater meist nicht für die eigenen Nachkommen interessiert oder ins Nest springt.

Vor allem aber sind Kaninchen ziemlich frühreif und vermehren sich unerwartet rasch.

Die richtige Auswahl

Hier ist es erst einmal besonders wichtig zu wissen, daß viele im Zoofachhandel angebotenen Zwergkaninchen keine echten Zwerg-

Beiden schmeckt's: Ein steh- oder normalohriges Zwergkaninchen (links) und ein hängeohriger Widder-Zwerg (rechts).

kaninchen, sondern oft Kreuzungen zwischen Zwergkaninchen und Vertretern kleiner Kaninchenrassen sind. Es werden aber teilweise auch Jungtiere kleiner Kaninchenrassen als Zwergkaninchen angeboten. Reinrassige Zwergkaninchen – es gibt sie heute in allen Farben, die auch bei den anderen Kaninchenrassen vorkommen – sind dadurch charakterisiert, daß sie nicht nur einen sehr gedrungenen Körperbau aufweisen, sondern außerdem einen verhältnismäßig großen runden Kopf mit sogenannter Ramsnase besitzen. Die großen Augen treten verhältnismäßig weit hervor. Ein sicheres Zeichen, daß man ein echtes Zwergkaninchen erwirbt, sind die besonders kurzen Ohren. Ihre Länge beträgt bei erwachsenen Zwergkaninchen ca. 4,5 bis 5,5 cm und darf keinesfalls 7 cm überschreiten! Dabei wiegt ein erwachsenes Zwergkaninchen zwischen 600 und 1500 g. Als Idealgewicht gelten ca. 1100 bis 1250 g. Erwachsene Zwergkaninchen unter 700 bis 800 g sind oft lebensschwach.

Junge Kaninchen sollten nicht unter einem Alter von sechs Wochen in den Handel kommen. Leider werden aber oft nicht reinrassige Zwerge zum Teil wesentlich jünger angeboten, damit sie noch besonders klein und ihre Ohren dementsprechend kurz wirken. Zunehmender Beliebtheit erfreuen sich Zwergwidderkaninchen (Widder-Zwerge). Wie bei allen hängeohrigen, also Widderkaninchen, stehen die Ohren anfangs aufrecht wie bei den »normalohrigen« Kaninchen, erst später beginnen sie dann herabzuhängen. Dabei kann ein junges Widderkaninchen durchaus vorübergehend ein Steh- und ein Hängeohr aufweisen.

Ein solch wuscheliges Kaninchenkind läßt die Herzen aller kleinen und großen Tierfreunde höher schlagen.

Für die Widder-Zwerge sind in erster Linie die Hängeohren charakteristisch.

Wer mit Sicherheit ein reinrassiges Zwerg- oder Zwergwidderkaninchen erwerben will, sollte es bei einem Kaninchenzüchter kaufen. Kaninchenzüchtervereine gibt es überall. Die Kaninchen vom Züchter tragen eine Tätowierung in beiden Ohren.

Im rechten Ohr befinden sich ein großer Buchstabe und eine in der Regel dreistellige Zahl; so bedeutet S 600, daß das Tier aus dem Verein von Pirna in Sachsen stammt, N 20 sagt uns in Österreich, daß es sich um den Verein Nummer 20, den von Tulln in Niederösterreich handelt. Dieser Buchstabe gibt also jeweils Auskunft über das Bundesland, die ihm folgende Zahl über den in dem jeweiligen Bundesland befindlichen Verein.

Die Tätowierung im linken Ohr gibt Auskunft über das Alter. Die erste Zahl, sie kann ein- oder zweistellig sein und ihr sollte ein Punkt folgen, sagt uns, in welchem Monat das Kaninchen geboren wurde, die folgende Zahl, sie ist immer einstellig, nennt uns das Geburtsjahr, ihr sollte wiederum ein Punkt folgen. Die nächste Zahl, die ein- oder mehrstellig sein kann, gibt uns dann Auskunft über die Zuchtbuchnummer, unter der das Tier im Zuchtbuch des betreffenden Vereins eingetragen ist. Man kann also bei so gekennzeichneten Rassekaninchen die Herkunft genau ermitteln.

Die Tätowiernummer 11.4.22 im linken Ohr sagt uns also beispielsweise: Das Tier wurde im November 1994 geboren und trägt die laufende Zuchtnummer 22. Zwei Zahlen für das Jahr sind in der Rassekaninchenzucht leider nicht üblich, weil dort im Gegensatz zur Haltung bei Liebhabern die Tiere in der Regel nie bis zu einem Alter von zehn Jahren gehalten werden.

Ist das Kaninchen gesund?

Vor dem Kauf sollte man die zur Auswahl stehenden Kaninchen unbedingt eine Zeit lang beobachten. Ein gesundes Kaninchen hat

So lassen sich männliche oder weibliche Kaninchen erkennen: Links Weibchen, rechts Männchen.

ein glattes, glänzendes, dem Körper anliegendes Haarkleid. Eine Ausnahme bilden hierbei allerdings einerseits Langhaarkaninchen, also Angora- und Fuchskaninchen, und andererseits Kurzhaarkaninchen, die auch als Rexkaninchen bezeichnet werden. Ihr im Vergleich zu den Normalhaarkaninchen stark verkürztes Haarkleid macht einen plüschartigen Eindruck. Auf diese Sonderformen der Behaarung wird bei der Beschreibung der einzelnen Kaninchenrassen näher eingegangen.

Keinesfalls darf sich Augenausfluß zeigen und erst recht dürfen die Augen nicht verklebt sein. Ist nur ein Auge verändert, spricht dies für äußere Ursachen wie Staub, Fremdkörper oder Zugluft usw. Beidseits veränderte Augen sind weit kritischer zu bewerten, da sie oft Anzeichen einer infektiösen Erkrankung sein können. In diesem Zusammenhang ist besonders auch auf Niesen bzw. Nasenausfluß zu achten. Dieser Nasenausfluß kann klar und wässrig oder auch gelblich schleimig sein. Da die so erkrankten Tiere besonders in den Anfangsphasen der Erkrankung oft nur in größeren Zeitabständen niesen, ist manchmal nur festzustellen, daß die Nasenumgebung leicht feucht ist. Verklebungen in diesem Bereich wären noch viel kritischer zu bewerten.

Wie sich feststellen läßt, ob ein Kaninchen, das wir kaufen möchten, auch wirklich gesund ist.

Entzündete Veränderungen und Schorfe am äußeren Ohr sind in der Regel leicht erkennbar. Das Innere des Ohres sollte besonders eingehend betrachtet werden. Oft sitzen schorfartige Veränderungen bzw. etwas an klumpige Kleie erinnernde Veränderungen anfangs nur in der Tiefe des inneren Ohrbereichs. Es sind meist untrügliche Hinweise auf einen Milbenbefall.

Unbedingt sollte auch das Fell einmal sanft gegen den Haarstrich gestrichen werden, um festzustellen, ob irgendwo entzündliche Veränderungen der Haut, Schorfe, Borken oder an den Haaren bzw. auf der Haut Ektoparasiten wie Haarlinge, Flöhe oder deren Entwicklungsstadien bzw. ihr Kot sichtbar sind. Der Flohkot ist besonders bei starkem Flohbefall in Form kleiner, trockener, schwarzer Partikelchen sichtbar.

Verklebungen im Afterbereich weisen auf Durchfall hin, ebenso wie entsprechende Verschmutzungen, die gleichzeitig aber auch Hinweise auf eine unsaubere Haltung sein können.

Bei der Betrachtung des Kaninchens von unten sollte man sich auch gleich zeigen lassen, ob es sich dabei um ein männliches oder ein weibliches Tier handelt. Bei Jungtieren ist dies gar nicht so leicht festzustellen.

Gesunde Kaninchen hoppeln interessiert durch ihren Käfig, nehmen in vielfältiger Weise an ihrer Umwelt Anteil und auch immer wieder Nahrung auf. Natürlich sitzen sie auch zwischendurch. Da-

Eine typische Stellung, in der sich die Kaninchen orientieren.

Kaninchen sind von Haus aus Höhlenbewohner.

bei strecken sie sich meist mehr oder weniger bzw. legen sich sogar langgestreckt auf die Seite. Hocken Kaninchen mit gesträubtem Haarkleid in einer Ecke, ist dies in der Regel ein sicheres Krankheitsanzeichen.

Wenn sich ihr Betreuer nur wenig mit ihnen beschäftigt hat, sind Kaninchen oft ziemlich schreckhaft. Deshalb nähert man sich ihrem Käfig nur langsam und leise. Sonst kann es geschehen, daß die Tiere panikartig in ihrem Käfig herumzurennen beginnen.

Die Zeit der Eingewöhnung

Ist man mit dem neuen vierbeinigen Familienmitglied auf dem kürzesten Weg gut zu Hause angekommen, kommt es gleich in den vorbereiteten Käfig. Es sollte dort zunächst für einige Zeit sich selbst überlassen bleiben. Zunächst wird sich das Kaninchen wahrscheinlich erst einmal in eine Ecke verkriechen, um später dann, wenn es sich völlig unbeachtet fühlt, sein neues Zuhause zu erkunden. Auch dann sollte man noch nicht versuchen, es wieder herauszunehmen, da es sonst gleich wieder verschreckt würde.

Das empfohlene und anschließend beschriebene Schlaf- und Schutzhäuschen sollte nicht sofort in den Käfig gestellt werden. Das führt nämlich bei scheuen Tieren dazu, daß sie über längere Zeit nur dann aus ihrer Behausung herauskommen, wenn sie sich völlig ungestört und unbeobachtet fühlen.

Man sollte es unbedingt vermeiden, das Tier durch laute Geräusche zu erschrecken. Ein ständiges, leises Zureden, sobald man sich dem Käfig nähert, ist immer günstig.

Daß sich das Tier entsprechend eingewöhnt hat, merkt man daran, daß es sich nicht mehr scheu in eine Ecke drückt, sobald man sich dem Käfig nähert, sondern sich interessiert zeigt und sich sogar am Gitter aufrichtet.

Ein Schlafkästchen wird auch gern als Ausguck benutzt.

Käfige und Ställe

Als Heimtiere werden in der Regel ein oder mehrere Zwergkaninchen oder Kaninchen, die zumindest klein bleiben, gehalten; meist in Kunststoffwannen mit einem Gitteraufsatz.

Als Mindestkäfigmaße für Kaninchen der verschiedenen Rassen je nach ihrer Körpergröße und -masse gelten:

(in cm)	Breite	Tiefe	Höhe
Zwergkaninchenrassen	60–80	80	50
mittelgroße Kaninchenrassen	80–90	80	55–60
große Kaninchenrassen	100–120	80	60–80

Dabei gilt immer der Grundsatz, daß nach oben keine Grenzen gesetzt sind. Es sei nochmals daran erinnert, daß die Wanne wenigstens ca. 15 cm hoch sein sollte, weil Kaninchen gern scharren und graben und sonst zuviel Einstreu herausfällt. Besonders empfehlenswert ist ein Schlupfhäuschen, das jedoch keinen Boden besitzen muß, der nur schwer zu säubern ist.

Als Einstreu verwenden wir am besten in der untersten Schicht Säge- bzw. Hobelspäne, die besonders den Harn aufsaugen. Eine Lage Zeitungspapier oder ähnliches Papier darunter hat sich bewährt, das erleichtert die Reinigung des Käfigbodens. Manche Kaninchen scharren allerdings diese Papierunterlage frei.

Wie tief geht es hier nach unten? Unser Kaninchen orientiert sich genau.

Auf diese stark saugfähige Unterlage – wegen der hohen Staubgefahr und der damit verbundenen Reizung der Atemwege sollte niemals Torfmull verwendet werden – kommt dann Stroh als Einstreu. Außerdem bietet man in einer Futterraufe ständig gutes Heu an, sofern Heu nicht gleichzeitig als Einstreu verwendet wird.

Niemals darf der Käfig in die pralle Sonne gestellt werden, auch wenn das nur für bestimmte Tageszeiten gilt. Selbst während einer zeitlich begrenzten Sonneneinstrahlung ist immer darauf zu achten, daß ein Teil des Käfigs ausreichend beschattet ist. Ein Schlupfkasten in der prallen Sonne ist jedoch kein Schattenplatz, da sich dort die Wärme erheblich stauen kann. Auch in unmittelbarer Nähe von Heizkörpern oder Öfen sollte der Käfig nicht stehen.

Trinkwasser aus einer Tränke, die außen am Käfig befestigt und gefüllt wird.

Kaninchen hält man am besten bei Temperaturen zwischen 10 und 20 °C. Halbwüchsige und natürlich erst recht erwachsene Kaninchen können bei entsprechender Gewöhnung und ausreichend trockener Einstreu auch problemlos Temperaturen bis zu 0 °C, sogar Minusgrade vertragen. Weit empfindlicher sind Kaninchen gegen zu hohe Temperaturen. Bei Temperaturen über 25 °C ohne nächtliche Abkühlung fühlen sich Kaninchen nicht mehr wohl. Das zeigt sich besonders an sinkender Nahrungsaufnahme und steigendem Trinkwasserbedarf. Besonders bei länger anhaltenden Schattentemperaturen über 35 °C treten ernste Probleme auf: die Atemfrequenz wird immer schneller, hechelnder. Der Eintritt eines Hitzetodes ist innerhalb weniger Stunden möglich.

Kaninchen brauchen immer frische Luft; Zugluft ist allerdings schädlich. Zu trockene Luft, wie wir sie teilweise gerade in der Nähe

Typisch für alle Hasenartigen ist die gespaltene Oberlippe, die »Hasenscharte«. Das »Männchenmachen« ist ein deutliches Zeichen von Wohlbefinden.

von Heizungen in der kühleren Jahreszeit in der Wohnung finden, führt zu einer Reizung der Atemwege des Kaninchens. Zu hohe Luftfeuchtigkeit ist jedoch erst recht schädlich, Kaninchen erkranken unter diesen Bedingungen besonders leicht und oft an Kaninchenschnupfen. Die optimale relative Luftfeuchtigkeit liegt zwischen ca. 60 und 70 %.

Freilauf in der Wohnung

Oft will man seinem hoppelnden Freund in der Wohnung zumindest in gewissem Umfang freien Lauf gewähren. Das wirkt sich auf die Gesundheit des Tieres natürlich immer positiv aus, je mehr Bewegung, um so besser. Dabei ist aber zu beachten:

Kaninchen nagen gern und machen dabei auch vor kostbaren Möbelstücken nicht halt. Die benagten Gegenstände können für Tiere giftige Farbanstriche aufweisen. Auch Teppiche und andere Fußbodenbeläge können schädliche Substanzen enthalten. Tapeten und Wandbekleidung aus Kunststoffen usw. werden ebenfalls benagt, ebenso elektrische Kabel und Telefonleitungen. Besonders bei elektrischen Leitungen ist Vorsicht angeraten: es kann mitunter zu tödlichen Unfällen kommen.

Zutrauliche Kaninchen hoppeln manchmal zweibeinigen Familienmitgliedern hinterher. Macht man einen Schritt zurück, kann dies für Kaninchen ernste Folgen haben. So etwas tritt natürlich besonders auch dann ein, wenn Besuch da ist, der keine Erfahrung im Umgang mit Kaninchen hat.

Kaninchen springen sehr gut. Sie werden sich Lieblingsplätze auf Sesseln, Sofas, aber auch auf für sie erreichbaren anderen Möbelstücken suchen.

Auch stubenreine Kaninchen markieren ihr Territorium. Das geschieht besonders durch Reiben der Kinnregion an den verschiedensten Gegenständen. Diese Art der Markierung ist für uns nicht wahrnehmbar, ein anderes, vorrangig männliches Kaninchen kann aber dadurch zum Absetzen von Harn angeregt werden.

Kaninchen, die beispielsweise auf bepflanzten Balkons, Veranden, Wintergärten Freilauf haben, werden an den Pflanzen fressen und mit Begeisterung Erde aus den Töpfen scharren. Eine Reihe dieser Pflanzen kann giftig sein, beispielsweise Fingerhut, Männerherzen, Efeu, Philodendron und Weihnachtsstern.

An dieser Stelle sei gleich darauf verwiesen, daß eine Reihe von Gartenpflanzen ebenfalls stark giftig sind, u. a. Eibe, Goldregen, Rhododendron, Tollkirsche, Maiglöckchen. Und nicht zu vergessen:

Gescheckte Kaninchen erfreuen sich immer besonderer Beliebtheit.

Kaninchen ziehen sich gern in einen Unterschlupf zurück. Dort fühlen sie sich besonders geborgen. Dennoch gilt es, die Übersicht zu bewahren.

die Stacheln der Kakteen können besonders für den Mund und die Nase, aber auch für die Pfötchen eines neugierigen Kaninchens zu einem ernsten Problem werden.

Wer vorhat, sein Kaninchen frei in der Wohnung zu halten, sollte es grundsätzlich erst über eine längere Zeit, das sind wenigstens mehrere Wochen, an den Käfig gewöhnen. Dabei muß der Käfig ebenerdig aufgestellt werden. Ein solcher Käfig sollte dann nicht nur von oben, sondern auch von vorn bzw. seitlich zu öffnen sein. Sonst könnte das Kaninchen beim Ein- und Ausstieg aus dem Käfig mit den Beinen zwischen den Gitterstäben hängenbleiben.

Das Kaninchen darf anfangs nur unter Aufsicht selbständig seinen Käfig verlassen. Die Beaufsichtigung sollte aus gebührender Entfernung erfolgen, damit sich das Tier unbeobachtet fühlt und

Mit etwas Geduld lassen sich Kaninchen auch an einen Toilettenplatz im Käfig gewöhnen.

seine Erkundungsausflüge ungestört durchführen kann. Irgendwelche Reaktionen der Beobachter, die zu Schreckreaktionen des Kaninchens führen können, sind zu vermeiden. Das heißt, daß man solche »Aktionen« nur dann starten soll, wenn man selbst dafür über ausreichend Zeit verfügt. Das Kaninchen sollte zumindest anfangs möglichst von selbst wieder zurück in seinen Käfig gehen. Eine wilde Jagd nach ihm wäre hier wenig sinnvoll.

Später wird es dann auf Zuruf, besonders aber bei Vorhalten eines Leckerbissens von selbst zum Käfig hoppeln oder, auch hier sind Schreckreaktionen zu vermeiden, sich nach leisem Ansprechen und Streicheln hochheben und zum Käfig tragen lassen.

Wie unser Kaninchen »stubenrein« wird

Ein wichtiger Hinweis für den angehenden Kaninchenhalter!

Kaninchen lassen sich an Toilettenschalen, wie sie für Katzen verwendet werden, gewöhnen. Am besten stellt man eine solche Schale an den Kot- und Harnabsetzplatz im Käfig. Bringt man diese Toilettenschale nach einiger Zeit der Benutzung im Kaninchenkäfig in eine Ecke des Raumes, wird das Kaninchen diese Toilette meistens auch dort annehmen. Im Raum verlorene »Bohnen« sollten aber umgehend aufgesammelt werden. Bei völligem Freilauf des Kaninchens in einem Raum ist es aber auch möglich, daß sich das Kaninchen einen anderen Toilettenplatz sucht. Dort sollte dann die transportable Toilettenschale – unbedingt mit ausreichend Kot versehen! – aufgestellt werden. Im Gegensatz zu den Katzen ist es hier zumindest anfangs immer ratsam, entsprechende Kotmengen, meist mit Harn verbunden, in der Schale zu belassen. Als Einstreu für die Toilettenschale eignen sich am besten Säge- oder Hobelspäne. Katzenstreu kann problematisch werden, wenn das Kaninchen daran herumknabbert.

Stubenrein – kein Problem!

Bei einer solchen dauernden Freihaltung, die jedoch nicht zu empfehlen ist, muß das Kaninchen natürlich auch einen Ruheplatz haben, wo es sich sicher fühlt und von wo aus es auch ausreichend Übersicht hat, z. B. ein etwas erhöhtes Liegebrett. An einen bestimmten Futterplatz ist ebenfalls zu denken.

Anders ist die Situation, wenn man den Kaninchen einen eigenen Raum oder einen Teil des Raumes in Form eines Geheges mit einer etwa 80 cm hohen Abgrenzung zur Verfügung stellen kann.

Haltung auf dem Balkon, der Veranda oder im Freien

Eine Dauerhaltung auf dem Balkon oder auf der Veranda ist natürlich ebenfalls möglich. Je offener der Balkon ist, um so mehr ist dann allerdings ein allseits aus Holz gefertigter Stall, der nur an einer Seite durch die mit engmaschigem Draht versehene Tür genügend Licht und Luft ins Stallinnere läßt, angeraten. Die Bretter sollten immer mit Nut und Feder versehen sein, damit keine Zugluft durch Ritzen eindringen kann. Solche Wände sind dann auch weit besser zu reinigen und frei von irgendwelchen Parasiten zu halten. Damit sich die Kaninchen beim Beschnuppern, Belecken, Bekratzen oder Benagen der Wände nicht verletzen, sollte nur gehobeltes Holz verwendet werden. Man kann so auch mehrere Stallabteile neben- und/oder übereinander anbringen. Am besten, jedes Abteil weist eine eigene Tür auf.

Solche Kaninchenställe können natürlich auch in geschlossenen Räumen, Schuppen usw., aber auch bei ausreichend weit vorstehendem Schutzdach im Freien – dann möglichst an einer Mauer – aufgestellt werden. Das möglichst einen Meter

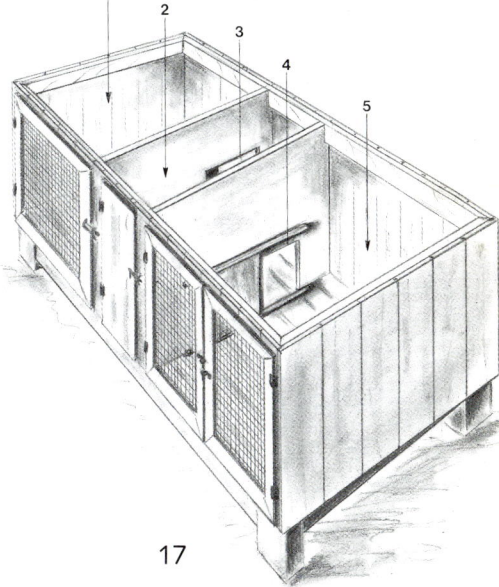

Mit etwas Geschick läßt sich ein kleinerer Kaninchenstall selbst bauen. Hier eine Stallanlage zur Zucht:
1 Abteil für das Muttertier,
2 Wurfraum,
3 und 4 Schlupf für die Häsin und die Jungtiere,
5 Abteil für die Jungtiere.

Ein Außenstall mit vier Boxen und ausziehbaren Kotschubladen. An der Boxe rechts unten eine von außen bedienbare Futterraufe.

Hier eine versetzbare Außenanlage mit Schutzhütte. Der Auslauf muß auch von oben mit engmaschigem Drahtgeflecht überspannt werden.

nach vorn überstehende Schutzdach soll nicht nur für ausreichend Schatten sorgen, sondern die Tiere und auch ihre Betreuer in allen Jahreszeiten ausreichend vor Witterungseinflüssen wie Regen und Schnee schützen. Die Vorderfront einer solchen Außenstallanlage, ganz gleich ob im Freien oder auf dem Balkon, sollte möglichst nach Osten oder Südosten, niemals wegen der zu starken Sonneneinstrahlung nach Süden gerichtet sein. Die einzelnen Boxen einer Etage wird man durch leicht bedienbare, immer nach vorn, niemals nach oben bewegbare Schieber verbinden, um so beispielsweise einer Kaninchenmutter mit Jungtieren oder auch einigen heranwachsenden Jungtieren ausreichend Bewegung bieten zu können. Auch für das Aneinandergewöhnen mehrerer Jungkaninchen eignet sich diese Methode besonders gut. Ställe, die im Freien stehen, sollte man außen mit Dachpappe verkleiden.

Unbedingt sollte hinter jeder Käfigtür ein ca. 10–15 cm hohes sogenanntes Stolperbrett, in seitlich angebrachten Schienen verlaufend und damit herausnehmbar, angebracht sein. So fallen beim Öffnen der Tür weder Einstreu noch Jungtiere aus dem Käfig. Auch sollte dieses Stolperbrett auszubauen sein, damit es besser gereinigt werden kann.

Den Tieren aus der unteren Käfigetage kann man auf dem Balkon oder besonders bei einer Aufstellung im Freien entsprechenden Auslauf gewähren. Können die Tiere nicht problemlos bei geöffneter Käfigtür herein- oder herausspringen, ist ein genügend breites Brett, das zum besseren Halt für die Kaninchen mit Querleisten benagelt wird, anzubringen.

Man kann im Idealfall auf dem Rasen versetzbare Ausläufe verwenden, die auch bei nur zeitweiligem Aufenthalt der Tiere stets über ausreichend Schatten verfügen müssen (Abdeckung oder Aufstellung unter einem ausreichend belaubten Baum usw.). Bleiben die Tiere auch über Nacht oder gar längere Zeit in einem solchen Gehege, ist es mit einer verschließbaren und gleichzeitig für den

Betreuer leicht öffenbaren Schutzhütte zu versehen, die auf festen Füßen stehen sollte, ohne daß sich die Kaninchen darunter verkriechen können. Die Schutzhütte muß über eine Gittertür bzw. ausreichend Luftlöcher, durch die kein Raubzeug eindringen kann, verfügen. Aus dem gleichen Grund wird der Auslauf allseits (auch bei ausreichender Höhe) unbedingt von oben mit engmaschigem Drahtgeflecht versehen. Um die Kaninchen jederzeit erreichen zu können, sollte die Oberseite des Auslaufs abnehmbar sein. Die Maschenweite ist überall möglichst engmaschig zu wählen, doch muß die Bodenfläche aus einem Drahtgeflecht mit weit größerem Maschenabstand versehen sein, damit das Gras hindurch wachsen kann. Ist der Boden nicht vergittert, werden sich die Kaninchen oft binnen weniger Stunden Röhren anlegen und sich herausgraben. Lassen sich die Gehege nicht versetzen, wird jede Art Naturboden sehr schnell verschmutzen.

Oben und unten: Kaninchen verbringen sehr viel Zeit mit der Fellpflege.

Die richtige Pflege

Abgesehen von den langhaarigen Formen, sind Kaninchen im allgemeinen sehr pflegeleicht. Normalhaar- sowie Kurzhaar- oder Rexkaninchen benötigen in der Regel keine besondere Fellpflege, immer vorausgesetzt, daß sie sachgemäß, das heißt ausreichend sauber und trocken gehalten werden.

Kaninchen sind sehr reinliche Tiere, die große Teile des Tages zur Körper-, besonders Fellpflege verwenden. Bei Kaninchen, die ständig in einer verhältnismäßig warmen Wohnung gehalten werden, zieht sich der Haarwechsel länger hin. Dann ist durch entsprechendes Bürsten nachzuhelfen. Zu den Langhaarkaninchen gehören einerseits die Fuchs-, andererseits die Angorakaninchen. Sie werden im Kapitel »Vielfalt der Farben und der Behaarung« beschrieben. Bei den Fuchskaninchen tritt eine Filzbildung kaum auf. Kämmen und Bürsten entfallen also auch hier in der Regel. Doch kann es hin und wieder vorkommen, daß sich vor allem im Bereich der unteren Körperregion, besonders an den Hinterbeinen durch Gras- oder Getreidegrannen ein Filz bildet, der, wenn er sich nicht auskämmen läßt, vorsichtig abgeschnitten werden muß.

Das Fell der Angorakaninchen dagegen ist peinlichst sauber zu halten und muß ständig gekämmt und gebürstet werden. Hinzu kommt, daß Angorakaninchen viermal im Jahr, das heißt jeweils im Abstand von etwa drei Monaten geschoren wer-

Und immer gibt es auch etwas zu scharren!

Mit einem Wattestäbchen werden die Ohren gelegentlich vorsichtig gesäubert.

den müssen. Damit es bei Temperaturstürzen zu keiner Unterkühlung kommt, dürfen die Angorakaninchen aber nicht, wie es oft bei der Schafschur üblich ist, kahlgeschoren werden. Es muß in allen Bereichen des Körpers unbedingt eine Haarlänge von ungefähr einem Zentimeter belassen werden

Besonders bei älteren Kaninchen, und vor allem wenn die Tiere verhältnismäßig wenig Bewegung haben, kommt es immer wieder dazu, daß die Krallen zu lang werden. Eine entsprechende Korrektur, am besten mit einer der üblichen Nagelzangen, ist dann notwendig. Bei Kaninchen mit hellen Krallen ist, wie man sagt, »das Leben«, also der durchblutete Teil der Krallen, gut erkennbar. Einige Millimeter unterhalb dieser Zone wird die Kralle so gekürzt, daß ihr Profil in der Schräge am Ende dem einer normalen, unbeschnittenen Kralle weitgehend entspricht. Schwieriger ist dies jedoch bei den stark pigmentierten Krallen dunkler Kaninchen. Hier sollte man vorsichtshalber, um Blutungen zu vermeiden, lieber etwas weniger als zu viel wegschneiden, und eine weitere Kürzung einige Wochen später vornehmen.

Das geeignete Futter

Das Wildkaninchen ernährt sich ausschließlich von pflanzlichen Produkten. Vorrangig sind das Gräser und Kräuter, im Winter vor allem Heu. Weit weniger verzehren Wildkaninchen Rüben oder gar Möhren, Äpfel, Birnen und ähnliches. Und auch die verschiedenen Kohlsorten stehen ihnen oft nicht zur Verfügung. Sehr gern benagt das Wildkaninchen dünnere Baumstämme und Zweige und somit auch deren Blätter.

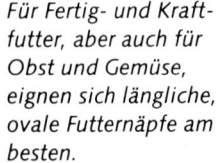

Für Fertig- und Kraftfutter, aber auch für Obst und Gemüse, eignen sich längliche, ovale Futternäpfe am besten.

Vor allem ist zu bedenken: Kaninchen müssen rohfaserreich und nährstoffarm ernährt werden! Über große Teile des 24-Stunden-Tages, das heißt auch nachts, sollten sie kontinuierlich Nahrung zu sich nehmen. Dabei ist es für eine optimale Verdauung wichtig, immer Heu anzubieten, wobei frisches Heu aus dem Garten wenigstens sechs Wochen sorgfältig abgelagert sein muß ehe es verfüttert wird.

Heu als Futter und Einstreu
Heu bietet man am besten in einer Futterraufe an, in die das Kaninchen nicht hineinspringen und damit durch Kot oder Harn das Heu verschmutzen kann. Deshalb bringt man über der Raufe eine aufklappbare Holzabdeckung an. Verwendet man Heu als Einstreu, ist diese Raufe überflüssig.

Grünfutter

Im Sommer sollte immer ausreichend Grünfutter angeboten werden: ein Gemisch von Gräsern und Kräutern, besonders Löwenzahn, Breit- und Spitzwegerich, Schafgarbe, Bärenklau und Vogelmiere. Rot- und Weißklee sowie Luzerne vor der Blüte dagegen nur in ganz geringen Mengen. Steinklee wird grundsätzlich nicht verfüttert, da er sehr viel Kumarin enthält, das die Blutgerinnung beeinträchtigen kann.

Im zeitigen Frühjahr beginnt man allmählich Grünzeug zu verfüttern. Dazu mischt man am besten wenig Grünfutter gut verteilt zwischen das Heu. Zwar wird das Kaninchen versuchen, die Futterhälmchen und -blättchen herauszuzupfen und vorrangig zu verzehren, doch wird nur relativ wenig davon aufgenommen werden. Grünfutter kann unbedenklich regen-, aber auch taunaß verfüttert werden. Wenn es nicht sauber genug erscheint, waschen wir es ab. Auf keinen Fall Grünfutter von Wegrändern und Wiesen verwenden, die aus dem Abgasbereich von Autos stammen.

Bis in den Winter hinein bleibt Vogelmiere (in Österreich als Hühnerdarm bezeichnet) frisch. Sie verträgt auch einige Minusgrade und wird gerne genommen.

Wenn im Winter, aber auch im Sommer, nicht genügend Grünfutter zur Verfügung steht, können verschiedene Salate (von Blattsalat bis zu Endivien und Schnittsalat) angeboten werden. Zu viel Salat kann zu Durchfall führen.

Heu und Grünfutter wird in Heuraufen angeboten, die oben mit einer schrägen Holzplatte abgedeckt werden, damit das Kaninchen nicht darauf sitzen kann.

Kraut und Rüben

Bei den Kohlarten wie Blumenkohl (österreichisch Karfiol), Kohlrabi, Rosenkohl (österreichisch Kohlsprossen) werden nicht nur die Köpfe, sondern auch der Stiel und die Blätter der Pflanze gern genommen. Weißkraut und Wirsing sollen ebenfalls nur in sehr geringen Mengen verabreicht werden, da sie stark blähen, ebenso wie Rotkraut. Die verträglichste Kohlart ist Grünkohl, der außerdem einen besonders hohen Vitamin - C - Gehalt besitzt.

Karotten bzw. Möhren einschließlich des grünen Möhrenkrautes sind eine besonders beliebte Nahrung von Kaninchen. Das gilt auch für die Futterrübe, Gehaltsrübe, Rote Rübe oder Rote Bete. Zuckerrüben sollten wegen des hohen Zuckergehalts nur in vergleichsweise geringen Mengen verfüttert werden.

Gutes Heu sollte das ganze Jahr über angeboten werden.

Obst, Kartoffeln, Mais

Ein gutes Futtermittel stellt auch der Apfel dar, den wir am besten geviertelt anbieten sollten. Dabei sei grundsätzlich darauf verwiesen, daß

Mit einer saftigen Karotte läßt sich jedes Kaninchen verlocken.

Von Natur aus sind Kaninchen eine vielseitige Ernährung gewöhnt. Aber jedes Tier hat auch seine eigenen Vorlieben und Gewohnheiten.

unreifes Kernobst nicht verfüttert werden darf. Steinobst wie Kirschen, Pflaumen usw. wird überhaupt nicht angeboten.

Kartoffeln können auch roh verfüttert werden, das setzt allerdings voraus, daß das Kaninchen allmählich daran gewöhnt wird. Es dürfen sich aber keinesfalls Keime an der Kartoffel befinden.

Gern genommen werden halbreife Maiskolben einschließlich ihrer Blätterumhüllung sowie junge Maispflanzen. Reife Maiskolben können ebenfalls gereicht werden. Dabei ist zu bedenken, daß wegen des hohen Anteils an hochverdaulichen Kohlenhydraten jeweils nur geringe Mengen verfüttert werden sollten.

Zweige und Blattwerk

Ganzjährig sollten auch Zweige angeboten werden. Das Kaninchen wird gern – wenn es nicht daran gewöhnt ist, oft erst nach einiger Zeit – daran herumnagen und Rinde sowie Blätter verzehren. Darin sind in erheblichem Maße wertvolle Eiweiße sowie Vitamine, Mineralstoffe und Spurenelemente enthalten. Wir verabreichen am besten: Linde, Birke, Buche, Esche. Auch Zweige von Obstbäumen, besonders Apfel, aber auch Birne, können angeboten werden, jedoch ohne unreife Früchte. Wenn der Kot nicht optimal geformt ist, das heißt, wenn er geballt, dickbreiig oder gar dünnflüssig sein sollte, stellen Zweige (mit Blättern!) von Eichen und den verschiedenen Weidenformen ein sehr gutes Hausmittel dar.

Achtung: Grünfutter muß frei von Chemikalien sein und darf auch nicht aus dem Umfeld von Straßen und Industrieanlagen stammen!

Kraftfutter und Fertigfutter

Ein besonders wichtiger und für viele Kaninchenfreunde gleichzeitig heikler Punkt ist das Kraft- oder Konzentratfutter, das meist in wundervollen verlockenden Verpackungen angeboten wird. Das günstigste Kraftfutter ist dabei immer noch der Hafer. Davon reicht man täglich pro Kilogramm Körpergewicht des Tieres höchstens 10 Gramm! Gleiches gilt auch für die im Handel angebotenen Fertigfuttermittel, die oft Sonnenblumenkerne, Leinsamen, ja sogar Rosinen, Nüsse usw. enthalten, an die ein Wildkaninchen während seines ganzen Lebens kaum einmal kommt. Auch von solchen im Handel angebotenen Kraftfuttergemischen verabreicht man täglich nur 10 Gramm pro Kilogramm Körpermasse, aber nur wenn nicht gleichzeitig noch Hafer verabreicht wird!

Ausschließlich mit Alleinfutter in Form entsprechender Preßlinge (Pellets) sollten wir unser Kaninchen am besten nicht ernähren.

Vorsicht bei zuviel Kraft- oder Trockenfutter! Der Trinkwasserbedarf ist dann um so höher.

Rechts: Er weiß, wie schön er ist!

Altbackenes, das heißt genügend abgelagertes Weiß-, aber auch Schwarzbrot, besonders aber Knäckebrot und Zwieback können verfüttert werden. Sie müssen aber ebenso auf die 10 Gramm Kraftfutter pro Kilogramm Körpermasse angerechnet werden.

Je mehr trockenes Futter verabreicht wird, um so höher ist der Trinkwasserbedarf. Trinkwasser bieten wir am besten in den im Handel erhältlichen Trinkflaschen an und zwar täglich frisch. Dabei muß die Flasche regelmäßig mit heißem Wasser gut ausgewaschen werden. Gleiches gilt dabei natürlich für die Saugvorrichtung, damit sich weder Algen noch Bakterien ansiedeln und vermehren können. Trinkwasser kann auch in glasierten Ton- oder genügend schweren Glasnäpfen – damit sie nicht so leicht umgeworfen werden können – angeboten werden. Dabei verschmutzt das Trinkwasser aber viel leichter.

Für die Gabe von Obst, Gemüse, besonders aber Kraftfutter sind solche Futternäpfe, die rund oder oval in den Handel kommen, natürlich besonders zweckmäßig und zu empfehlen. Längliche, ovale Futternäpfe empfehlen sich besonders bei der gemeinsamen Haltung mehrerer Kaninchen.

Wie die Verdauung funktioniert

Für Kaninchen ist das regelmäßige Verzehren des Blinddarmkotes lebensnotwendig. Besonders nachts geben Kaninchen einen Kot ab, der ganz anders aussieht als die in der Regel schwarzbraun gefärbten, relativ festen Bohnen. Er wird als Blinddarmkot bezeichnet und ist vergleichsweise weicher, heller und mit einem glänzenden Überzug versehen. Dieser Kot enthält in erheblichem Maße lebensnotwendige Bakterien, die maßgeblich bei der Verdauung der rohfaserreichen Nahrung sind, da sie in erheblichem Maße Vitamine, besonders die Vitamine des B-Komplexes, produzieren. So deckt das Kaninchen einen erheblichen Teil seines Bedarfes an den verschiedenen B-Vitaminen in Eigenproduktion über diesen Blinddarmkot. Das Eiweiß, das diese vielen Bakterien enthalten, stellt außerdem eine unentbehrliche Eiweißquelle in der Ernährung des Kaninchens dar. Ist die Erzeugung dieses Blinddarmkotes irgendwie gestört, so treten schwerwiegende Erkrankungen auf.

Abschließend sei besonders darauf verwiesen, daß Kaninchen einen verhältnismäßig kleinen, dünnwandigen Magen besitzen, der bei Überladung, das heißt bei Aufnahme zu großer Futter- mengen in kurzen Zeiträu- men, ernsten Schaden nehmen kann.

Kaninchenrassen: Vielfalt der Farben und der Behaarung

Es gibt eine große Zahl verschiedener Kaninchenrassen, die nach ihrem Haarkleid und ihrer Größe unterteilt werden.

Normalhaarkaninchen

Normalhaarkaninchen sind Kaninchen, deren Haarkleid in der Länge und besonders im Verhältnis der Grannenhaare zu den Wollhaaren der wilden Stammform aller Hauskaninchen, dem Europäischen Wildkaninchen (Oryctolagus cuniculus) entspricht.

Zu dieser Rassengruppe der Normalhaarkaninchen gehört die überwiegende Zahl aller Hauskaninchenrassen. Nach ihrer Größe und Körpermasse werden sie eingeteilt in:
- *Große Rassen*
- *Mittelgroße Rassen*
- *Kleine Rassen*
- *Zwergrassen*

Der typische Kopf und die Ohren eines Hermelinkaninchens.

Zu den Zwergrassen gehörte ursprünglich nur das **Hermelinkaninchen**, das unpigmentiertes Haar, unpigmentierte Haut und unpigmentierte Krallen aufweist, also, wie wir landläufig sagen, weiß gefärbt ist. Dabei wird von Hermelin »Rotaugen« und Hermelin »Blauaugen« gesprochen. Die »rotäugigen« Hermelinkaninchen sind *Albinos*, das heißt sie verfügen über keinerlei Pigment, auch ihre Iris ist farblos und damit durchsichtig. Da die Iris hier relativ dünn ist, wird das Blut am Augenhintergrund sichtbar; das Auge erscheint rot. Bei den blauäugigen Hermelinkaninchen ist das Auge wie auch beim allbekannten zu den mittelgroßen Kaninchenrassen zählenden **Weißen Wiener** deutlich blau gefärbt. Es handelt sich um Leucisten, das heißt Tiere, deren Haut, Haarkleid und Krallen unpigmentiert sind, die aber in den Augen Pigment besitzen.

In den vergangenen Jahrzehnten züchtete man dann Zwergkaninchen in den verschiedensten Farben. Sie werden bei den Rassenkaninchenzüchtern als Farbenzwerge bezeichnet.

Neben der Vielzahl der *normal- also stehohrigen Kaninchenrassen* gibt es auch solche mit **Hängeohren**. Diese sind vergleichsweise deutlich länger und werden am Oberkopf durch eine wulstartige Bildung, die sogenannte Krone, miteinander verbunden. Alle hängeohrigen Kaninchen bezeichnet man als Widderkaninchen.

Bei den kleinen normalhaarigen Kaninchenrassen werden die hängeohrigen Tiere als **Kleinwidder** bezeichnet, bei den Zwergen als **Zwergwidder**. Die Zwergwidder sind etwas größer und schwerer als die steh- bzw. normalohrigen Zwergkaninchen.

Auf den Rassekaninchen-Ausstellungen sind fast alle Farben und auch Scheckungsformen zu finden und es kommen immer neue hinzu.

*Oben: Für Zwergwidder sind in erster Linie die Ohren charakteristisch.
Mitte: Ein gutes Beispiel für ein geschecktes Kaninchen.
Unten: Wildfarbener Zwergwidder.*

Langhaarkaninchen

Bei den Langhaarkaninchen ist das Haarkleid, vergleicht man es mit der wilden Stammform, dem Europäischen Wildkaninchen, deutlich verlängert.

Dabei werden zwei Typen unterschieden:

Fuchskaninchen

Hier entspricht das Verhältnis der Grannen- zu den Wollhaaren dem des Wildkaninchens, beide sind nur entsprechend verlängert. Ursprünglich gab es Weiß- und Blaufuchskaninchen, heute sind auch andere Farbschläge, immer einfarbig, bekannt.

Fuchskaninchen, die im Vergleich zu den im folgenden zu behandelnden Angorakaninchen wesentlich pflegeleichter sind, werden heute auch besonders für den Heimtierhalter als Zwergkaninchen gezüchtet. Sie entsprechen in der Körperform und -masse den normalhaarigen Zwergkaninchen, nur ihr Haarkleid ist entsprechend verlängert. Wegen ihrer »Wuscheligkeit« erfreuen sie sich großer Beliebtheit.

Angorakaninchen

Eine verhältnismäßig alte Hauskaninchenrasse stellt das Angorakaninchen dar. Bei ihm ist das Haarkleid im Vergleich zum Wildkaninchen und den Normalhaarkaninchen nicht nur erheblich verlängert, sondern sichtbar feiner und weicher. Pro Flächeneinheit der Körperoberfläche sind außerdem im Vergleich zum Wildkaninchen und den Normalhaarkaninchen weit mehr Wollhaare und viel weniger Grannenhaare vorhanden. An den Ohrspitzen stellen die besonders attraktiven Haarbüschel ein spezielles Charakteristikum dar.

Angorakaninchen sind, wie schon beschrieben, sehr pflegebedürftig. Sie wurden in den letzten Jahren aus wirtschaftlicher Sicht nur reinweiß, also als **Albinos** gezüchtet. Selten gibt es leucistische Angorakaninchen, also weiße, blauäugige Tiere. Das hatte den Grund, daß sich unpigmentierte, also weiße Angorawolle problemlos ohne vorheriges Bleichen in alle noch so nuancierten Farben einfärben läßt.

In letzter Zeit bemüht man sich, auch **farbige Angorakaninchen** zu züchten, immer einfarbig, das heißt schwarz, blau, rot, gelb etc. Dabei sind die kürzer behaarten Körperpartien wie die Ohren, abgesehen von den hellen Ohrbüscheln, besonders auch die Umgebung von Mund und Nase sowie Teile von Schwanz und Pfoten etwas dunkler als die langbewollten Körperpartien, besonders also der Rumpf, gefärbt. Denn je länger die Haare werden, um so mehr verdünnt sich das in ihnen enthaltene Pigment.

Zwar noch relativ selten, aber doch bereits herausgezüchtet, sind auch **Zwergangorakaninchen**.

Einige Vertreter der Kaninchenrassen:
1 = *Fuchskaninchen,*
2 = *Zwergfuchskaninchen,*
3 = *Angorakaninchen,*
4 = *Zwergkaninchen (Kurzhaar),*
5 = *Englische Schecke: 1 Beinfleck, 2 Backenpunkt, 3 Schmetterling, 4 Augenring, 5 farbige Ohren, 6 Kette, 7 Aalstrich, 8 Seitenzeichnung, 9 farbige Blume.*
6 = *Holländer: 1 Backenzeichnung, 2 Blesse, 3 Ringzeichnung, 4 Manschettenzeichnung.*

Kurzhaar- oder Rexkaninchen

In den zwanziger Jahren unseres Jahrhunderts traten in Deutschland und Frankreich Mutationen auf, bei denen das Haarkleid vom Aussehen her und besonders beim Anfassen einen plüschartigen Eindruck vermittelt. Die Bezeichnung Rex, die übrigens auch für andere Haustiere mit einem verkürzten Haarkleid wie beispielsweise die Rexkatzen übernommen wurde, bedeutet, es sind die Könige unter den Rassen.

Rexkaninchen gibt es in den verschiedensten Farben, es kommen immer neue hinzu. Dabei handelt es sich bis auf eine Ausnahme um einfarbige Farbschläge.

Heute gibt es auch Zwergrexkaninchen. Dabei gelten alle Forderungen bezüglich der Körpermasse und Körperform genau wie beim normalhaarigen Zwergkaninchen, nur das Haarkleid des Kaninchens ist entsprechend verkürzt.

Satinkaninchen

Bei den Satinkaninchen entspricht das Haarkleid in der Länge im Prinzip dem der Normalhaarkaninchen. Durch eine Mutation bedingt sind die Haare jedoch dünner, und so entsteht eine besondere Haarstruktur, die sich besonders durch einen spezifischen Glanz charakterisiert. Es gibt zum jetzigen Zeitpunkt bereits verschiedene Farben wie Elfenbein, Rot und Blau.

Auch **Zwergsatinkaninchen** wird es bald geben.

Bei den Rexkaninchen dürfen die Grannenhaare nur einen bis allenfalls zwei Millimeter über die Wollhaare überstehen.

Zu den Zwergrassen gehört dieses sogenannte Japanerkaninchen in seiner gelblichen Färbung mit deutlich dunkleren Streifen.

Fangen, Tragen und Transport

Kaninchen fängt man am besten, wenn man ihnen sehr ruhig zuredet und sie vorsichtig in eine Ecke des Käfigs drängt, um sie dort zu erfassen. Dabei greift der Rechtshänder mit der rechten Hand so an die Ohren, daß der Daumen unter die Ohren, alle übrigen vier Finger über die Ohren zu liegen kommen. Danach greift man mit diesen vier Fingern in das lockere Nackenfell. So wird das Kaninchen angehoben. Bei noch verhältnismäßig kurzohrigen Jungtieren bzw. bei den erwachsenen, durch sehr kurze Ohren charakterisierten rassereinen Zwergkaninchen ist dieser Griff um die Ohren, bevor man ins Nackenfell greift, oft nicht möglich. Man faßt dann je nach der Größe der Tieres mit allen oder einigen Fingern ins Nackenfell. So schnell wie möglich faßt die andere Hand unter den Bauch des Tieres, das man dann leicht und vorsichtig gegen die eigene Brust hält. Dabei bemüht man sich gleichzeitig auch, so weit wie möglich die Hinterbeine des Kaninchens festzuhalten. Man bedenke dabei immer, daß das Wegspringen der anfangs oft sehr scheuen Kaninchen zu ernsten Problemen führen kann, da ihre Wirbelsäule und ihre Hinterbeine besonders empfindlich sind (Lähmungen, Frakturen).

Niemals darf man Kaninchen auf zu glatte Unterlagen wie Untersuchungs- oder Behandlungstische setzen, von denen sie dann oft sehr schnell herunterspringen, aber auch nicht auf glatte Fußböden usw.

Ein praktischer und absolut stabiler hölzerner Transportkasten.

Links: So werden die kurzohrigen Jungkaninchen sicher hochgehoben.
Rechts: Langohrige Kaninchen faßt man vorsichtig gleichzeitig an den Ohren und am Nackenfell und hebt sie mit der anderen Hand unter dem Bauch an.

Es ist wichtig, Kaninchen immer sicher und fest zu halten. Oft versuchen scheue Tiere wegzuspringen, wobei ihre Hinterbeine leicht brechen.

Ein gutes Beispiel, wie Kaninchen sachgemäß hochgehoben und gleichzeitig mit dem Daumen hinter den Ohren und mit den übrigen Fingern im Nackenfell gefaßt werden.

Der Transport sollte nur dann in einer Tasche erfolgen, wenn sie einen festen Boden hat, der genügend mit Sägemehl oder Zellstoff als Unterlage oder mit Heu oder Stroh ausgelegt ist, um in ausreichendem Maße den Harn aufzusaugen. Für kurze Transporte kann ausnahmsweise auch ein stabiler Pappkarton verwendet werden, dessen Boden ebenso ausgelegt wird. Weit geeigneter sind im Zoohandel erhältliche, allseits aus engmaschigem Gitter bestehende Transportkäfige mit einer herausziehbaren Blechwanne.

Neugeborene, noch nackte Kaninchen in einem mit Wolle ausgekleideten Nest.

Fortpflanzung – Zucht und Aufzucht

Die Vermehrungsfreudigkeit der Kaninchen ist sprichwörtlich. Überall, wo man Kaninchen aussetzte, wurden sie vorrangig in Ermangelung entsprechender natürlicher Feinde zur Landplage. Besonders bekannt ist dabei das Beispiel Australiens, wo im vergangenen Jahrhundert vier Paar Hauskaninchen ausgesetzt wurden, die auf diesem Kontinent zu einer Kaninchenplage geführt haben, die man bis heute noch nicht richtig in den Griff bekommen hat.

Wild- und Hauskaninchen können problemlos etwa achtmal im Jahr Jungtiere zur Welt bringen. In der Natur ist das wegen der vielen natürlichen Feinde zur Arterhaltung auch notwendig. Nur ein Bruchteil der in einem Jahr geborenen jungen Wildkaninchen vollendet daher das erste Lebensjahr. Zwerg- und kleine Kaninchenrassen können ab ca. sechs bis sieben Monaten, mittlere ab acht bis neun und große Kaninchenrassen ab neun bis elf Monaten zur Zucht verwendet werden.

Die paarungsbereite Häsin zeigt ein verändertes Verhalten: Sie gräbt meist die Einstreu um und beginnt oft sogar mit dem Nestbau. Grundsätzlich bringen wir zur Paarung die Häsin zum Rammler. Rammler, die zur Häsin in den Stall gegeben werden, beginnen oft erst die neue Umgebung zu erkunden, bevor sie sich für die Häsin interessieren.

Ein Nistkasten läßt sich ohne weiteres im Kaninchenstall unterbringen.

Nach durchschnittlich 31 Tagen kommt es zur Geburt. Kaninchen bringen meist zwischen vier und acht Jungtiere pro Wurf zur Welt. Rassenreine Zwergkaninchen haben oft pro Wurf nur ein bis drei, seltener vier oder fünf Jungtiere. Sind es nur wenige Junge, werden diese in der Regel verhältnismäßig schwer, und ihre Geburt erfolgt etwas später. Handelt es sich um zahlenmäßig große Würfe, dann werden die dann meist etwas kleineren Jungtiere etwas früher als vor dem Ablauf der durchschnitt-

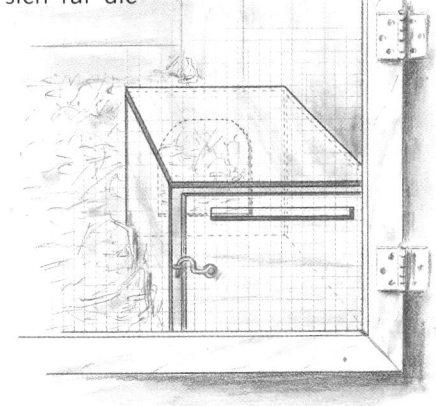

Wie man sieht, zwei gute Freunde!

lich 31 Tage dauernden Tragezeit geboren. Vor dem Einsetzen der Geburt beginnt die Häsin mit dem Nestbau. Sie trägt Stroh oder Heu quer in den Mund genommen in eine möglichst dunkle Ecke des Stalls bzw. Käfigs. Dann beginnt sie mit dem sogenannten Rupfen der Wolle, das heißt, sie rupft sich Haare aus der Region des Unterhalses, der Vorderbrust und des Bauches. Damit die feinen Härchen nicht so sehr an ihrer Mundschleimhaut kleben, nimmt die Häsin wiederum quer Stroh oder Heu in den Mund und rupft die Haare jeweils anschließend aus, damit sie sich sozusagen vor der Heu- oder Strohbarriere befinden.

Sehr rasch nach Fertigstellung des Nestbaus setzt die Geburt ein. Jedes junge Kaninchen sitzt in einer eigenen Fruchthülle und hat eine eigene Plazenta (Mutterkuchen). Die Häsin verzehrt nach der Geburt die Plazenta und frißt entlang der Nabelschnur in Richtung auf den Körper des Jungtieres hin. Sie nabelt so das Junge in der Regel in der richtigen Länge ab.

Nach dem Trockenlecken des gerade geborenen Jungtieres folgt meist sehr schnell die Geburt des nächsten. Schwergeburten sind sehr selten bei Kaninchen.

Die Häsin säugt, wie es auch bei der wilden Stammform aller Hauskaninchen, dem Europäischen Wildkaninchen, der Fall ist, in der Regel nur einmal innerhalb von 24 Stunden.

Nach der Geburt soll eine Nestkontrolle erfolgen, bei der die Häsin am besten nicht zugegen ist. Nach dem Waschen und anschließendem Abtrocknen der Hände wird das Nest vorsichtig geöffnet. Die Jungen werden gezählt und ihr Ernährungszustand, die Beschaffenheit ihres Nabels usw. gründlich überprüft. Gesunde, gut genährte Jungtiere haben eine pralle Bauchregion, auf der sich keinerlei Hautfalten zeigen. Hautfalten weisen auf eine mangelnde Ernährung und Flüssigkeitszufuhr hin.

Das europäische Wildkaninchen verbreitete sich seit dem Altertum bis in unsere Zeiten allmählich über ganz Europa aus. Die Haltung und Zucht des Hauskaninchens gewann in Deutschland und Österreich jedoch erst ab 1870 sichtbar an Interesse und Bedeutung.

Künstliche Ernährung
Eine zusätzliche Ernährung von Jungkaninchen in den ersten Lebenstagen, ja ersten Lebenswochen ist bei Kaninchen sehr kompliziert. Dazu wird eine künstliche Kaninchenmilch verwendet, die aus 53% Trockenmagermilch, 32% Molkeneiweiß, 12% Kokos- und Sonnenblumenöl im Verhältnis 1 : 3 und 3% eines Gemischs, das aus Multivitamin und Mineralstoff besteht. Diese Milch gibt es einmal täglich körperwarm mit einer Pipette.

Die Mutter beleckt vor bzw. während des Säugens gründlich das Hinterteil der Jungtiere und regt damit den Harn- und Kotabsatz an. Anschließend leckt sie den Harn bzw. Kot auf. Bei der künstlichen Aufzucht ist es deshalb unbedingt notwendig, vor dem Tränken

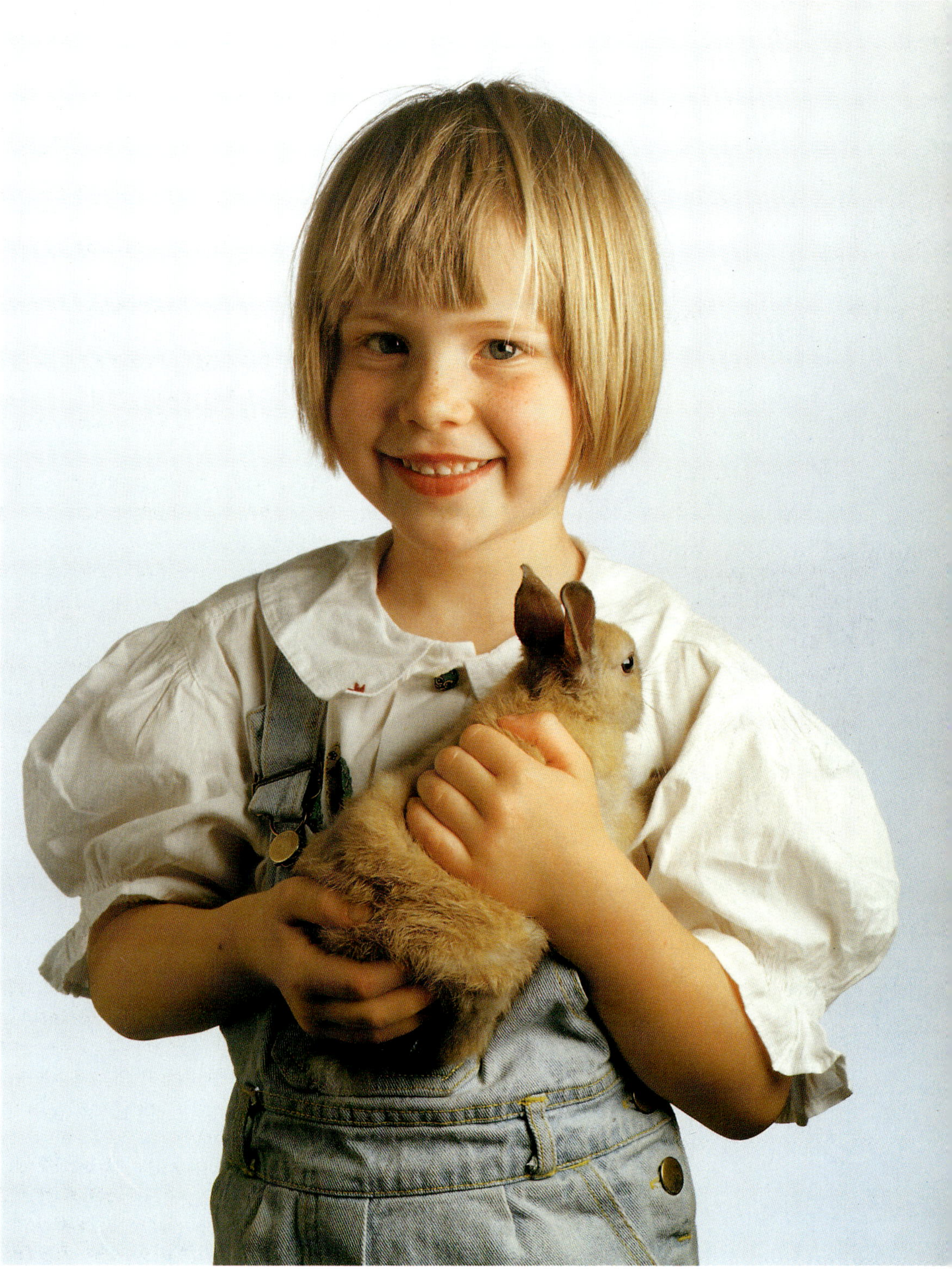

jedesmal die Genital- und Analöffnung der Jungkaninchen vorsichtig mit dem Finger zu massieren, um den Harn- bzw. Kotabsatz des Kleinen anzuregen.

Entwicklung der Jungtiere

Kaninchen werden unbehaart, blind und taub geboren. Ihr Geruchs- und Gefühlssinn sowie ihr Gleichgewichtssinn sind von Geburt an gut entwickelt, der Geschmackssinn ist jedoch noch nicht sonderlich ausgeprägt. Süß und sauer können aber bereits unterschieden werden. Im Alter von ca. 7 Tagen ist ein beginnender Haarwuchs zu sehen, mit 14 Tagen ist das Fell bereits dicht.

Eine Verdopplung des Geburtsgewichtes erfolgt nach ca. 6 bis 8 Tagen, mit ca. 14 Tagen ist dann schon das Fünffache des Geburtsgewichtes erreicht.

Junge Kaninchen öffnen mit 12 bis 14 Tagen die Augen. Sie verlassen meist ungefähr in einem Alter von drei Wochen das Nest und beginnen dann selbständig Nahrung aufzunehmen. Junge Kaninchen setzt man ab vollendeter achter Lebenswoche von der Mutter ab. Zu dieser Zeit erzeugt sie auch bereits erheblich weniger Milch. Das Absetzen sollte in der Regel so erfolgen, daß zuerst die kräftigsten Jungtiere vom Muttertier entfernt werden, dann haben die schwächeren Jungtiere noch etwas bessere Chancen, den Rückstand gegenüber ihren Geschwistern aufzuholen.

Nach Möglichkeit hält man die jungen von der Mutter abgesetzten Kaninchen nicht gleich allein, sondern lieber in Geschwistergruppen zu zwei bis drei Tieren.

Diese Gesichtspunkte und die Frage, die Jungtiere im Interesse ihrer künftigen Entwicklung nicht zu früh von der Mutter abzusetzen, stehen in gewissem Widerspruch dazu, daß viele, die sich ein Kaninchen als Heimtier wünschen, es besonders jung und als Einzeltier erwerben wollen, damit es sich dem Menschen besonders intensiv anschließt.

Kaninchen wachsen vorrangig in den ersten Lebensmonaten. Das zeigt die nachfolgende Tabelle:

Auf und nieder! Nur die schwarzen Hängeohren sind ein wenig im Weg.

*Links:
Junge Kaninchen sollten regelmäßig gewogen werden. Mit einem Körbchen auf der Küchenwaage geht es am besten.*

Lebensmonat	1.	2.	3.	4.	5.	6.	7.	8.	9.
Gewicht (kg)									
große Rassen (Beispiel *Riesenkaninchen*)	0,7	1,6	2,6	3,6	4,6	5,4	6,0	6,5	7,0
mittelgroße Rassen (Beispiel *Groß-Chinchilla*)	0,5	1,3	2,2	2,8	3,4	3,8	4,1	4,5	
kleine Rassen (Beispiel *Klein-Chinchilla*)	0,4	0,9	1,3	1,8	2,2	2,5	2,8		
Zwergkaninchen	0,2	0,4	0,6	0,8	1,0	1,2			
Angorakaninchen	0,5	1,0	1,5	2,0	2,5	2,9	3,2	3,4	3,5

Kaninchen erreichen ein Alter von acht bis zehn, manchmal auch zwölf und mehr Lebensjahren.

Sinnesorgane und Lernfähigkeit des Kaninchens

Gehör
Mit ihren trichterförmigen Ohren können Kaninchen sehr gut hören, zumal die Ohrmuscheln unabhängig voneinander gedreht werden können, so daß ein Hörfeld von 360° entsteht. Bei Widderkaninchen ist die Hörfähigkeit auf Grund der Hängeohren herabgesetzt.

Geruch
Die Nase des Kaninchens ist mit 100 Millionen Riechzellen ausgestattet, ihre Nasenflügel sind beweglich.

Der Geruchssinn der Kaninchen ist vor allem für die Reviermarkierung wichtig. Unter dem Kinn liegende Drüsen bilden eine für den Mensch geruchlose wässrige Substanz, die die Kaninchen an Gittern, Tränkflaschen, Futternäpfen und anderen markanten Gegenständen ihres Revieres abstreifen. Besonders Rammler markieren viel, bei Häsinnen sind diese Drüsen schwächer ausgebildet.

Über Kot und Harn werden ebenfalls Geruchsstoffe zur Reviermarkierung ausgeschieden. Diese dienen auch dem gegenseitigen Erkennen der Tiere.

Sehvermögen
Kaninchen besitzen durch ihre großen, seitlich am Kopf sitzenden Augen ein verhältnismäßig weites Gesichtsfeld, das besonders für ihren Schutz vor der großen Zahl natürlicher Feinde in der freien Wildbahn wichtig ist.

Bei gefleckten Kaninchen ist die Farbverteilung (Zeichnung) bereits bei der Geburt dadurch zu sehen, daß sich die unpigmentierten Hautbereiche von den pigmentierten farblich unterscheiden.

Geruch und Geschmack, die am stärksten entwickelten Sinne der Kaninchen. Mundpartie und Nasenbereich zeigen dies deutlich.

Untersuchungen haben ergeben, daß Kaninchen zwischen den Farben Grün und Rot unterscheiden können. Ein besonders ausgeprägtes Farbempfinden liegt aber sicherlich nicht vor. In der Dämmerung ist das Sehvermögen recht gut.

Tastsinn

Die Tasthaare (Schnurrhaare) befinden sich in der seitlichen Umgebung von Mund und Nase. Mit ihrer Hilfe ist auch im Dunkeln eine Orientierung möglich; das Kaninchen kann feststellen, ob es durch Öffnungen hindurchpaßt oder ob Hindernisse vorhanden sind.

Geschmack

Der Geschmackssinn ist beim Kaninchen sehr gut und besser als bei anderen Tierarten entwickelt. Kaninchen sind imstande, süß, sauer, bitter und salzig voneinander zu unterscheiden. Für den Geschmack bitter sind sie aber relativ unempfindlich, so daß beispielsweise Löwenzahn gern verzehrt wird.

Mit ihren seitlich am Kopf sitzenden Augen erfassen Kaninchen ein weites Umfeld, gewissermaßen ihre »Sicherheitszone«.

Lautäußerungen

Kaninchen geben nur bei höchster Erregung oder starken Schmerzen Lautäußerungen in Form von Schreien von sich. Ansonsten sind sie sehr stille Tiere. Gelegentlich lassen sie bei Ärger oder als Warnung kurze, schnell aufeinanderfolgende, knurrende Laute hören. Auch Fauchen unmittelbar vor einem Angriff kommt gelegentlich vor. Jungtiere können, wenn sie sich in irgendeiner Weise unwohl fühlen (Hunger, Kälte), ein Fiepen von sich geben.

Lernfähigkeit

Kaninchen können es lernen, auf das Rufen ihres Namens zu reagieren. Dabei müssen die Tiere aber bereits zutraulich und mit entsprechender Geduld an den Betreuer gewöhnt sein.

Kaninchen erkennen ihren Betreuer und richten sich zum Beispiel am Gitter auf, wenn sie ihn sehen oder hören.

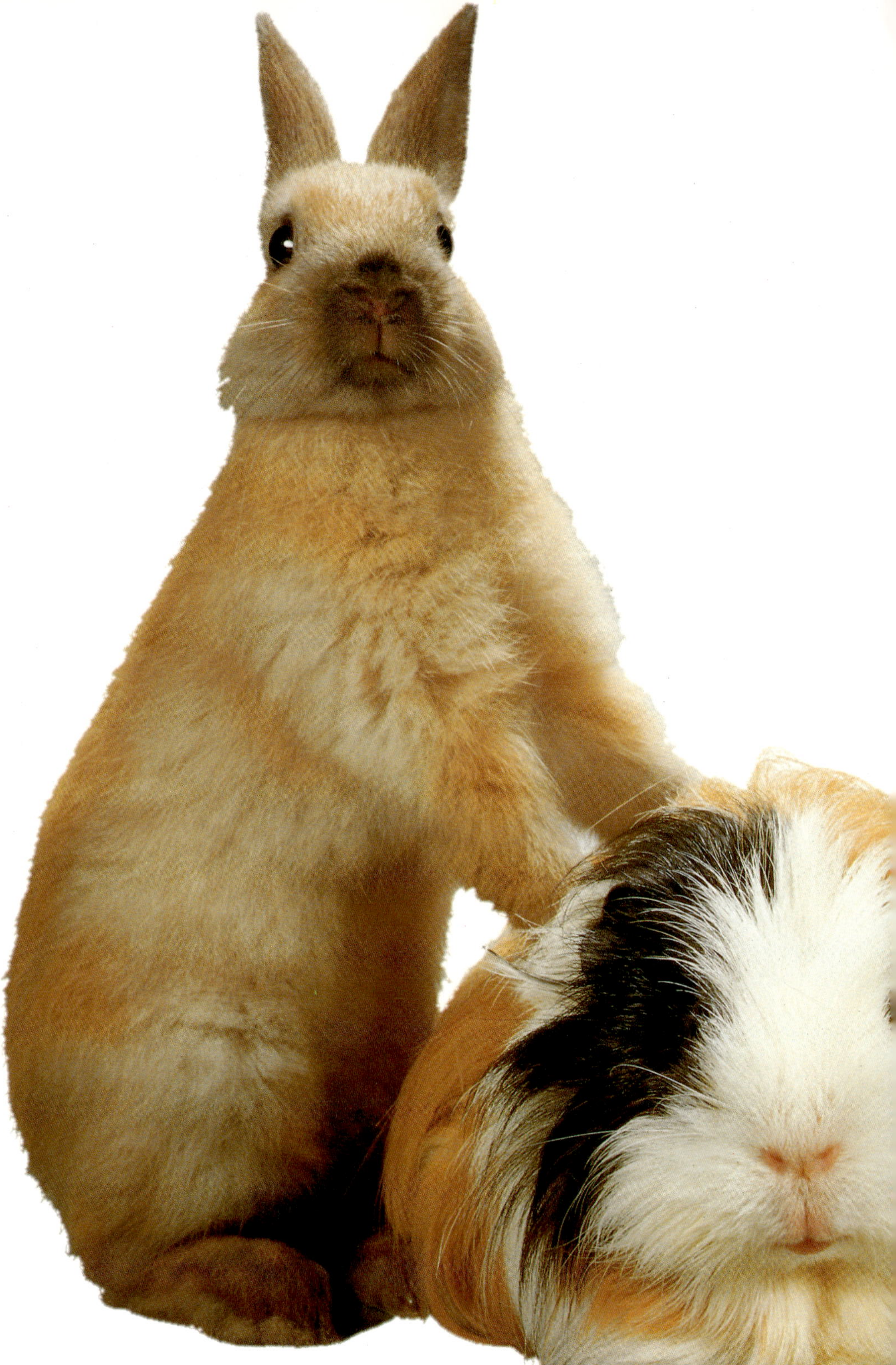

Kaninchen und ihr Verhältnis zu anderen Tieren

Die Erfahrung zeigt, daß man Kaninchen in der Heimtierhaltung nur mit Meerschweinchen zusammen halten kann. Dabei ist zu beachten, daß unkastrierte Kaninchenrammler manchmal beigesetzte Meerschweinchen zu begatten und sogar zu beißen versuchen.

Es gibt entsprechend erzogene Hunde, die sich mit Kaninchen vertragen. Ohne Aufsicht sollte man Kaninchen jedoch nie mit Hunden zusammen lassen, erst recht nicht mit Katzen! Kaninchen kann man mit Ziegen gemeinsam in einem Stall und Auslauf halten. Die wählerischen Ziegen vergeuden oft viel Futter, das von den Kaninchen verzehrt wird.

Früher wurden Kaninchen teilweise auch frei in Pferdeställen gehalten. Hier besteht aber die Gefahr, daß das Kaninchen, oft unbeabsichtigt, vom Pferd, gleiches gilt für Esel, getreten wird.

Kaninchen und Meerschweinchen gewöhnen sich meist sehr schnell aneinander und werden oft unzertrennliche Freunde.

Das kranke Kaninchen

Wie läßt sich feststellen, ob ein Kaninchen erkrankt ist? Hier gibt es für den Kaninchenhalter einige einfache aber zuverlässige Kontrollen oder Messungen:

Der **Kot** ist normalerweise dunkel-schwarzbraun und deutlich zu Bohnen geformt. Der sogenannte Blinddarmkot wurde bereits beschrieben (s. Seite 24).

Der **Harn** der Kaninchen ist im Vergleich zu anderen Tieren und zum Menschen sehr dickflüssig und oft verhältnismäßig dunkel bis hin zu Dunkelbraun gefärbt. Wenn im größeren Umfang Rote Rüben verfüttert werden, erscheint die Harnfarbe dunkel-rötlichviolett.

Für **Körpertemperatur, Atem- und Pulsfrequenz** gelten bei gesunden Kaninchen die folgenden Werte als normal:

Körpertemperatur (rektal gemessen)	39 (38.5–39.5) °C
Atemfrequenz	50–150/Minute
Pulsfrequenz	120–150/Minute

Gesundheitliche Störungen und Erkrankungen
Verdauungsstörungen

Sie sind meist ernährungsbedingt und führen zum Durchfall und zu Blähungen. Es kann sich aber auch um eine Infektion handeln, bei der verschiedene Bakterien im Spiel sein können. Im Zweifelsfall ist es ratsam den Tierarzt aufzusuchen.

Was können wir tun?

Eine sofortige Umstellung der Ernährung ist erforderlich. Sie besteht aus gutem, einwandfreiem Heu sowie aus Zweigen von Eiche und den verschiedenen Weidenarten. Außerdem ist reichlich frisches Trinkwasser erforderlich, das mit einer Prise Kochsalz versehen wird. Notfalls wird es zwangsweise seitlich in den Zwischenraum zwischen den Schneide- und Backenzähnen mit einer Injektionsspritze ohne Kanüle verabreicht. Vorsichtig, damit sich das Tier nicht verletzt!

Mit Kohletabletten und wenig lauwarmem Wasser wird ein dicker Brei hergestellt, der mit einem schmalen Holzspatel in kleinen Portionen dem Kaninchen ins Mäulchen gegeben wird.

Schnupfen

Oft erkranken Kaninchen bei ungünstigen Umwelteinflüssen und Haltungsbedingungen. Erstes Symptom ist ein wässriger Nasenausfluß und meist auch ein entsprechendes Niesen. Der Haupterreger ist ein resistentes Bakterium. So kann sich ein Schnupfen über lange

---

Auch bei bester Haltung und Pflege kann unser Kaninchen erkranken. Dennoch gelten als wichtigste Grundsätze: Vorbeugen ist wichtiger als heilen. Und: Ein Gang mehr zum Tierarzt ist besser als einer zu wenig!

Zu einer genaueren Untersuchung werden die Augen kurz fixiert.

Zeit hinziehen. Auch eine allmähliche Abmagerung verbunden mit verklebten Augen und Nase sowie struppigem, glanzlosem Fell kann auftreten.

Was können wir tun?

Eine gezielte tierärztliche Behandlung führt meist zum Erfolg.

Zahnfehler

Magern Kaninchen ab und nehmen dabei immer weniger Nahrung zu sich, können Zahnfehler die Ursache sein. Wenn die Schneidezähne nicht genügend abgenutzt und zu lang geworden sind, ist die Nahrungsaufnahme nur noch erschwert möglich.

Was ist zu tun?

Auch hier ist eine tierärztliche Untersuchung und auch Behandlung unbedingt erforderlich.

Hitzschlag

Wie bereits erwähnt, vertragen Kaninchen Hitze nur schlecht. Symptome für Hitzschlag sind ein starkes Hecheln, aber auch Zittern, Erregung und unkoordinierte Bewegungen.

Was ist zu tun?

Der Patient ist sofort in einen kühlen Raum zu verbringen und Aufregungen sind zu vermeiden. Auf den Kopf und die Beine werden feuchte Tücher gelegt. Einem akuten Kreislaufversagen wird man mit einem halben Teelöffel (bei Zwergkaninchen) und bis zu einem ganzen Teelöffel (bei größeren Kaninchen) dünnen Bohnenkaffee entgegenwirken; Verabreichung mit einer 1ml-Spritze ohne Kanüle. So schnell wie möglich ist ein Tierarzt zu konsultieren.

Es gibt eine wirksame Schutzimpfung gegen Schnupfen, die fünf bis sechs Monate sicheren Schutz verleiht. Sie sollte jährlich rechtzeitig im April oder Mai, vor der Haupterkrankungszeit, erfolgen.

Lähmungen

Lähmungserscheinungen, besonders im Bereich der Hinterläufe und im hinteren Bereich der Wirbelsäule, treten häufig auf.

Was ist zu tun?

Damit es zu keinen Lähmungen kommen kann, muß unbedingt vermieden werden, daß die Tiere aus den Käfigen, von Tischen und anderen Möbelstücken springen und nicht auf glatten Böden ausrutschen können. Auch Vitaminmangel und Infektionen können die Ursachen von Lähmungen sein.

Der Tierarzt ist möglichst umgehend zu konsultieren.

Milben- und Pilzbefall

Mehlige, teigartige Ablagerungen in den Ohren haben meist Räudemilben als Ursache. Oft liegen dann auch krustige Veränderungen in verschiedenen Bereichen des Kopfes vor. Je nach Art der Räudemilben kommt es zu mehr oder weniger starkem Juckreiz.

Auch von Mykosen sind Kaninchen nicht verschont. Oft zeigt sich der Pilzbefall in Form mehr oder weniger kreisrunder veränderter Hautpartien, an denen auch die Haare ausfallen.

Was ist zu tun?

Sowohl bei Milben- wie Pilzbefall ist ein Tierarzt aufzusuchen.

Kokzidiose

Diese Erkrankung wird durch Protozoen, einzellige tierische Lebewesen, verursacht. Sie befällt hauptsächlich Jungtiere. Kokzidiose tritt erst nach dem Verlassen des Nestes auf und zeigt sich an Durchfall und Blähungen.

Was ist zu tun?

Eine tierärztliche Behandlung, besonders mit Sulfonamidpräparaten, kann oft helfen. Wichtig ist auch, etwas gegen den durch den Durchfall bedingten Flüssigkeitsverlust zu tun.

Wildkaninchen und Feldhase auch optisch im Vergleich.

Kaninchen oder Hase – eine kleine Zoologie

Das Europäische Wildkaninchen (Oryctolagus cuniculus), die wilde Stammform aller Hauskaninchen, gehört zur Ordnung der Lagomorpha, der Hasentiere.

Die Ordnung enthält über 50 wilde Arten und wird in die zahlenmäßig kleine, mit verhältnismäßig kurzen runden Ohren versehene Familie der Pfeifhasen und die Familie der Hasenartigen, zu der auch unser Feldhase und unser Wildkaninchen gehören, unterteilt.

Die Hasentiere sind fast weltweit verbreitet. Durch natürliche Verbreitung wurden nur die Arktis, Australien und Neuseeland nicht erreicht. In Australien wurde das Kaninchen ausgesetzt und in Ermangelung natürlicher Feinde zur Landplage.

Oft besteht die Frage: Kaninchen oder Hase? Unser Europäisches Wildkaninchen unterscheidet sich besonders in den folgenden Punkten deutlich vom Feldhasen:

	Europäisches Wildkaninchen	Feldhase
Tragzeit	⌀ 31 Tage (30–34, selten 29 oder 35 Tage)	40–42 Tage
Zahl der Jungtiere pro Wurf	⌀ 4–8, teilweise auch darüber	1–3, selten 4, meist 2
Jungtiere bei der Geburt	nackt, blind, taub, im mit Körperhaaren ausgepolsterten Nest, Nesthocker	behaart, sehend, hörend, Nestflüchter
Körpermasse erwachsener Tiere	ca. 1,5–2,0 kg	ca. 5,0–6,0 kg
Körperbau	gedrungen, Länge von Vorder- und Hinterläufen nicht so extrem unterschiedlich, Ohren kürzer als Kopf	länger, gestreckt, Hinterläufe viel länger als Vorderläufe Ohren länger als Kopf
Farbe	mehr graubraun	mehr goldbraun
Chromosomenzahl	22 Paare = 44	24 Paare = 48
Lebensbereich, Lebensgewohnheiten	gräbt Röhren und Höhlen, in die es bei Gefahr flüchtet; bevorzugt sandige Böden, liebt Hecken, Waldränder, auch Parkanlagen	Lauftier, sucht sein Heil durch flaches Ducken auf den Boden oder in der Flucht; Felder und angrenzende Waldgebiete werden bevorzugt
soziales Verhalten	gesellig, dabei hat jedoch jedes Tier seinen eigenen Kessel mit Röhrensystem	ungesellig

Eine Verpaarung von Wild- bzw. Hauskaninchen mit Hasen ist also unmöglich!

Das Europäische Wildkaninchen war ursprünglich auf der iberischen Halbinsel und dort besonders in den Küstenregionen beheimatet und verbreitete sich auf natürlichem Wege seit dem Altertum bis in unsere Zeiten allmählich immer weiter über Europa.

Die Römer der Antike brachten Wildkaninchen von Spanien nach Italien, wo man sie wie Hasen in sogenannten Leporarien zu halten und zu vermehren suchte. Vor allem die neugeborenen Kaninchen galten damals als Delikatesse.

In Deutschland und Österreich gewann die Haltung und Zucht der Hauskaninchen erst ab ca. 1870 sichtbar an Bedeutung.

Bücher und Zeitschriften

Bücher

Angermann, R.: Die Hasentiere (Ordnung Hasentiere, Lagomorpha) In: Grzimeks Tierleben, Bd. 12. Kindler Verlag, Zürich 1972.

Anonym: Europastandard der Kaninchenrassen. Europäischer Verband für Geflügel- und Kaninchenzucht; o. J.

Anonym: Österreichischer Einheitsstandard für die Kaninchenrassen. Rassezuchtverband der Österreichischen Kleintierzüchter 1992.

Dorn, F. K. und G. März: Rassekaninchenzucht. 5. Aufl. Verlag J. Neumann-Neudamm, Melsungen 1984.

Dvorak, L., Gepp, H., Kuttner, M. und L. Savade: Kaninchenhaltung, Kaninchenzucht. VEB Deutscher Landwirtschaftsverlag, Berlin 1975.

Flauaus, G.: Zwergkaninchen. Kosmos Gesellschaft der Naturfreunde. Franckh'sche Verlaghandlung, Stuttgart 1975.

Isenbügel, E. und W. Frank: Heimtierkrankheiten. Ulmer Verlag, Stuttgart 1985.

Fritzsche, H.: Kaninchen. 3. Aufl. Gräfe und Unzer, München o. J.

Gratz, W.: Kleintierställe selbst gebaut. Bücher für Kleintierfreunde. 4. Aufl. VEB Deutscher Landwirtschaftsverlag, Berlin 1982.

Gratz, W.: Ställe in der individuellen Tierhaltung. 2. Aufl. VEB Deutscher Landwirtschaftsverlag, Berlin 1988.

Joppich, F.: Das Kaninchen. 4., erg. Aufl. VEB Deutscher Landwirtschaftsverlag, Berlin 1969.

Knorr, F., Wenzel, U. D. und G. Albert: Kaninchenkrankheiten. 5., überarb. Aufl. VEB Deutscher Landwirtschaftsverlag, Berlin 1983.

Kötsche, W. und C. Gottschalk: Krankheiten der Kaninchen und Hasen. VEB Gustav Fischer Verlag, Jena 1972.

Haensel, J.: 100 Tips für den Kleinsäugerfreund. Urania-Verlag, Leipzig, Jena, Berlin 1983.

Löhle, K. und U. D. Wenzel: Kaninchen und Edelpelztiere. VEB Deutscher Landwirtschaftsverlag, Berlin 1984.

Löliger, H. Ch.: Kaninchenkrankheiten. Ferdinand Enke Verlag, Stuttgart 1986.

März, G.: Die Zucht von Kaninchen. 2. Aufl. Lehrheft für Kleingärtner, Siedler und Kleintierzüchter. Hrsg.: Verband der Kleingärtner, Siedler und Kleintierzüchter, Zentralvorstand; o. J.

Mettler, M.: Alles über Zwergkaninchen. Reihe: Die Tiersprechstunde. Falken-Verlag, Niederhausen/Ts. 1990.

Rudolph, W., Kalinowski, F. und A. Knopp: Das Hauskaninchen. 2. Aufl. Die Neue Brehm-Bücherei. A. Ziemsen Verlag, Wittenberg Lutherstadt 1984.

Schall, H.: Kaninchen. In: Gabrisch, K. und P. Zwart (Hrsg.): Krankheiten der Heimtiere. 2., durchges. Aufl. Schlütersche Verlagsanstalt und Druckerei, Hannover 1990.
Schley, P.: Kaninchen. Ulmer Verlag, Stuttgart 1985.
Schmidt, H.: Zwergkaninchen. Lehrmeisterbücherei Nr. 1138, Albrecht Philler Verlag, Minden 1983.
Schütte, J.: Haus-Kaninchen. Landbuch-Verlag, Hannover 1979.
Wegler, M.: Angorakaninchen. Gräfe und Unzer, München 1988.
– : Zwergkaninchen. 4. Aufl. Gräfe und Unzer, München 1989.
– : Zwergkaninchen richtig pflegen und verstehen. Gräfe und Unzer, München 1991.
– : Kaninchen richtig pflegen und verstehen. 6. Aufl. Gräfe und Unzer, München 1994.
Weißenberger, K.: Kaninchenrassen. Erw. Neuaufl. Lehrmeisterbücherei Nr. 1135. Albrecht Philler Verlag, Minden 1976.
– : Kaninchenzucht. Lehrmeisterbücherei Nr. 1137, neubearb. u. erw. Aufl. Albrecht Philler Verlag, Minden 1983.
– : Angorakaninchen. Neubearb. u. erw. Aufl. Lehrmeisterbücherei Nr. 1033. Albrecht Philler Verlag, Minden; o. J.
Wenzel, U. D.: Kaninchen. Neumann-Neudamm, Melsungen, 1989.

Zeitschriften

Das Blaue Jahrbuch. Hrsg.: Verlaghaus Oertel & Spörer, Burgstr. 1–7. D 72764 Reutlingen. Erscheint jährlich.
Das Grüne Jahrbuch. Ein Taschenbuch für den Kleintierzüchter. Hrsg: Rassezuchtverband Österreichischer Kleintierzüchter. Erscheint jährlich.
Deutscher Kleintierzüchter D. K. Z. Hrsg.: Verlaghaus Oertel & Spörer, Burgstr. 1–7. D 72764 Reutlingen. Erscheint vierzehntägig.
Lehrschrift für Kaninchenzüchtervereine. Hrsg.: Zentralverband Deutscher Kaninchenzüchter e. V., Krefelder Str. 130, D 41063 Mönchengladbach.
Kaninchen. Zeitschrift für den Kaninchenfreund. Hrsg.: Deutscher Bauernverlag GmbH, Reinhardstr. 14, D 10117 Berlin. Erscheint monatlich.
Österreichischer Kleintierzüchter ÖKZ. Illustriertes Fachblatt für Kaninchen, Tauben und Geflügel, Ziergeflügel und Vögel. Hrsg: Rassezuchtverband Österreichischer Kleintierzüchter. Erscheint monatlich.

Register

Albinos 29
Angorakaninchen 9, 19, 29
Aufzucht 33
Augenausfluß 9
Auslauf 6
Außenstallanlage 18
Blattwerk 23
Blinddarmkot 24
Durchfall 9
Eingewöhnung 10
Einstreu 6, 11, 20
Ektoparasiten 9
Erkrankungen 42
Ernährung, künstliche 34
Fangen 31
Farbenzwerge 26
Feldhasen 44
Fellpflege 19
Fertigfutter 23
Fortpflanzung 33
Freilauf 12
Fuchskaninchen 9, 19, 29
Futter 20
Futternäpfe 24
Futterraufe 11
Geburt 33, 34
Geburtsgewicht 36
Gehör 38
Geruch 38
Geschmack 39
Grünfutter 21
Haarkleid 9
Haarwechsel 19
Hängeohren 26
Harn 42
Hermelinkaninchen 26
Heu 20
Hitzschlag 43
Idealgewicht 7
Käfige 4, 10, 15
Kaninchenrassen 26
Kaninchenställe 17
Karotten 21
Kartoffeln 21
Kleinwidder 26
Kokzidiose 44
Körperbau 7
Körpertemperatur 42
Kot 23, 42
Kraftfutter 23
Krallen 20
Kraut 21
Kurzhaar- oder Rex-kaninchen 9, 30
Lähmungen 43
Langhaarkaninchen 9, 29
Lautäußerung 39
Lernfähigkeit 38, 39
Luftfeuchtigkeit 12
Mais 21
Milben- und Pilzbefall 9, 44
Nasenausfluß 9
Nestbau 34
Nestkontrolle 34
Normalhaarkaninchen 26
Obst 21
Paarung 33
Preßlinge (Pellets) 23
Rexkaninchen 9
Rüben 20, 21
Salat 21
Satinkaninchen 30
Schlafhäuschen 4
Schlupfhäuschen 11
Schnupfen 42
Schutzhütte 19
Sehvermögen 38
Sinnesorgane 38
Tastsinn 39
Tätowierung 8
Temperaturen 11
Toilettenschale 16
Tragezeit 34
Transport 31
Transportkäfige 33
Trinkwasser 6
Trinkwasserbedarf 24
Verdauung 20, 24
– störungen 42
Verhältnis zu anderen Tieren 41
Weiße Wiener 26
Wildkaninchen 6, 44
Wohnungshaltung 6
Zahnfehler 43
Zucht 33
Zweige 23
Zwergangorakaninchen 29
Zwergkaninchen 6
Zwergrexkaninchen 30
Zwergsatinkaninchen 30
Zwergwidderkaninchen 7, 26

Bildquellen

Sämtliche Fotos von Regina Kuhn.
Zeichnungen nach Vorlagen des Autors von Siegfried Lokau.
Für die Aufnahmen zu diesem Band stellten uns freundlicherweise die Firmen Zoo-Kölle, Stuttgart, und Zoo-Utke, Esslingen und Gerhard Meyer, Esslingen-Altbach, Tiere zur Verfügung.

Genehmigte Lizenzausgabe für Verlagsgruppe Weltbild GmbH, Steinerne Furt, 86167 Augsburg
Umschlagmotiv: Bildagentur Waldhäusl/Arco Digital Images/Diez O.
Umschlaggestaltung: Uhlig/www.cover-design.net
ISBN 3-8289-1722-4

Impressum

Das Werk einschließlich aller seiner Teile ist urheberrechtlich geschützt. Jede Verwertung außerhalb der engen Grenzen des Urheberrechtsgesetzes ist ohne Zustimmung des Verlages unzulässig und strafbar. Das gilt insbesondere für Vervielfältigungen, Übersetzungen, Mikroverfilmungen und die Einspeicherung und Verarbeitung in elektronischen Systemen.

© 1995, 1996, 2001 Eugen Ulmer GmbH & Co.
Wollgrasweg 41, 70599 Stuttgart (Hohenheim)
Internet: http://www.ulmer.de
Lektorat: Ulrich Commerell
Herstellung: Steffen Meier
Herausgeber der Reihe »Heimtiere halten«: Prof. Dr. Kurt Kolar
Printed in Italy